C000153883

COMPRENDRE
LA LITTÉRATURE

EURIPIDE

Alceste

Étude de l'œuvre

© Comprendre la littérature, 2020.

1 rue Honoré - 93500 Pantin.

ISBN 978-2-7593-0832-3

Dépôt légal : Juin 2020

Impression Books on Demand GmbH

In de Tarpen 42

22848 Norderstedt, Allemagne

SOMMAIRE

• Biographie de Euripide.................................. 9

• Présentation de l'œuvre............................. 15

• Résumé de la pièce.................................... 19

• Les raisons du succès................................ 25

• Les thèmes principaux................................ 29

• Étude du mouvement littéraire...................... 33

• Dans la même collection............................. 37

BIOGRAPHIE

EURIPIDE

Euripide est né à Salamine, une île grecque qui fut en 480 av. J.-C. le théâtre d'une bataille qui opposa la flotte grecque à la flotte perse de Xerxès. Selon la légende, sa famille, athénienne, se serait réfugiée à Salamine pour échapper aux Perses, et Euripide serait né le même jour que cette bataille dont les Grecs sortiront vainqueurs. Sa vie sera en tous cas marquée par la guerre, thème récurrent dans son œuvre : né pendant la guerre contre les Perses, il mourra un an avant la fin de la guerre du Péloponnèse, commencée en 432, qui opposa la ligue de Délos, c'est-à-dire Athènes et ses alliés, à la ligue du Péloponnèse : Sparte et ses alliés. Athènes détenait un pouvoir hégémonique sur la Grèce et les autres villes finirent par se liguer contre elle : cette guerre mettra fin à l'impérialisme athénien.

Nous ne savons pas grand chose d'Euripide : des anecdotes racontées par les comiques – pour la plupart médisantes et peu intéressantes – représentent l'une des seule source d'information à son propos. Né d'une famille athénienne, on sait qu'il s'est lancé dans la tragédie à partir de 455, après avoir reçu une éducation soignée, même si, selon les poètes comiques, il était d'origine modeste. Il fut contemporain et sans doute ami de Sophocle, un autre célèbre dramaturge grec. Il aurait aussi composé de la musique pour les parties chantées de ses pièces.

De son œuvre, n'ont été retrouvées que dix-huit pièces entières sur quatre-vingt douze. Elles traitent pour la plupart de l'aspect tragique des destinées humaines, et revisitent les grands mythes grecs, mettant en scène notamment des personnages et des épisodes de la guerre de Troie et de ses suites. Souvent, on y trouve des allusions à l'actualité politique athénienne. Une grande partie des tragédies d'Euripide représente l'occasion d'une réflexion sur la guerre, révélatrice de la misère humaine.

Comme Eschyle et Sophocle, Euripide écrivait des tragédies. En effet, la fatalité imprègne ses pièces, où la moindre faute a des conséquences bien plus graves et durables : le mal engendre le mal. Néanmoins, les pièces d'Euripide sont novatrices par rapport à celles Eschyle et Sophocle à plusieurs points de vue. Du point de vue formel, il a renouvelé les règles du genre tragique en réduisant le rôle du chœur, et en privilégiant les dialogues et les joutes oratoires. Il emploie un langage moins noble, plus proche de celui de tous les jours.

Sur le plan moral et thématique, il change les codes également : il aime remettre en cause le système de pensée grec traditionnel. Ainsi, au contraire de son contemporain Sophocle, il se permet des critiques des Dieux et met en doute les légendes et les mythes. Loin de la solennité et de l'unité des pièces de Sophocle ou d'Eschyle, ses intrigues sont souvent invraisemblables avec des interventions divines ou magiques, et les drames naissent des successions d'événements, alors que le tragique de Sophocle ou d'Eschyle réside dans les tensions internes et dans les affrontements des caractères des personnages. L'émotion naît alors du pathétique des situations plus que des contradictions intérieures des personnages. Loin de la sobriété d'Eschyle et de Sophocle, Euripide décrit la souffrance de façon précise : ses personnages portent à la scène des douleurs très humaines, souvent physiques aussi.

Les personnages d'Euripide, dès lors, se font les porte-paroles des désirs, des passions, avec les contradictions, à la différence des héros sophocléen liés à un devoir qui unifie leur actes et leurs décisions. En cela ils sont plus humains, moins héroïques. Passion amoureuse, folie guerrière et ambition poussent les personnages à commettre des actes criminels ou impies. L'irrationnel menace toujours les personnages d'Euripide. Les personnages féminins notamment ont une place importante chez Euripide, pour exprimer ce « pathos ».

Jeunes ou âgées, écrasées par le destin, elles exposent leur sort absurde ou leur douleur avec une grande lucidité et préfèrent la mort à une vie douloureuse. En elles s'incarnent l'amour et les passions irrationnelles : elles sont décriées pour cela à maintes reprises dans les pièces d'Euripide. En effet le désir amoureux était déconsidéré par les Anciens qui y voyaient une faiblesse proprement féminine : les femmes, chez Euripide, sont souvent, malgré leur grandeur, l'incarnation de ces forces obscures, causes des excès et des malheurs des hommes. Les personnages âgés, hommes ou femmes, sont aussi particulièrement présents dans les pièces d'Euripide : lucides mais faibles, ils sont la figure même du tragique humain. Ils voudraient agir mais ne le peuvent, alors même que leur dignité est en jeu. Ils sont à la fois admirables et pitoyables.

Le théâtre d'Euripide rend compte d'une vision du monde qui n'est pas unifiée, qui est en perpétuel questionnement, à travers la confrontation des points de vue. Ces innovations ont choqué son public athénien, qui y voyait de l'impiété. Il ne reçut sa première victoire au concours tragique qu'à quarante ans. Ses œuvres reçurent donc, de son vivant, un accueil mitigé, et Aristophane notamment le ridiculise dans ses pièces, en le présentant comme un mauvais poète, misogyne et immoral. Cependant, il reçut un succès croissant par la suite et les Athéniens lui élèveront une statue de bronze dans le temple de Dionysos, en 330. Avec Eschyle et Sophocle, il est un des grands auteurs de l'antiquité grecque dont on ait conservé des œuvres. Il a inspiré bien des dramaturges et écrivains. Il reste critiqué, notamment à cause de son manque de sobriété, par rapport à Sophocle et Eschyle, et à cause des sentences morales ou philosophiques que l'on trouve en abondance dans ses textes.

Après Oreste, créée en 408, Euripide se retire en Macédoine, à la cour du roi Archélaos. Il y meurt, en 406, après avoir écrit sa dernière pièce, *Les Bacchantes*.

PRÉSENTATION DE ALCESTE

Alceste est la plus ancienne pièce d'Euripide à nous être parvenue. Créée en 438 av. J.-C., elle s'inspire d'un mythe thessalien et raconte le sauvetage d'Alceste, morte à la place de son mari Admète, par Héraclès, qui va la chercher aux Enfers. Malgré une fin heureuse, elle est considérée comme une tragédie, en raison de la noblesse des personnages et de leur comportement, et de l'incapacité des hommes à échapper à leur destin sans l'intervention des dieux. Pourtant, elle fut représentée à la place d'un drame satyrique, qui est un genre léger, joué traditionnellement après une suite de tragédie, lors des concours tragiques qui avaient lieu lors des fêtes des Dionysies.

RÉSUMÉ DE LA PIÈCE

Les « stasima » et le « parodos » sont des parties chantées (et dansées) par le chœur. Le prologue, les épisodes et l'« exodos » sont récités par trois acteurs qui jouent alternativement tous les rôles.

La pièce se déroule près du palais d'Admète, dans la ville de Phères.

Prologue

Monologue d'Apollon

Apollon est au service d'Admète, qui doit mourir. Mais Apollon a réussi à plaider auprès des Parques la cause d'Admète : il échappera pour le moment à la mort s'il trouve quelqu'un pour mourir à sa place. Seule Alceste, sa femme, a accepté de le faire. Apollon part de la maison d'Admète et d'Alceste pour ne pas voir la mort. Cette mort, sous la forme de Thanatos, approche.

Dialogue de Thanatos et d'Apollon : Thanatos prévient Apollon qu'Alceste ne lui échappera pas. Apollon lui demande s'il peut différer la mort d'Alceste : dans tous les cas, Thanatos l'obtiendra un jour ou l'autre. Thanatos refuse, Apollon l'avertit qu'un héros va venir et arracher Alceste à la mort.

Parodos

Chants du chœur, composé de quinze citoyens de Phères. Faut-il déjà pleurer Alceste, si proche de la mort ?

Premier épisode

Dialogue du chœur et d'une servante : Alceste est sur le

point d'expirer. Éloge d'Alceste et de son dévouement à son époux. Le chagrin règne dans la maison. Admète et ses deux enfants, ainsi que tous les serviteurs sont très malheureux.

Premier stasimon

Prières aux Dieux et déploration du malheur d'Admète. Alceste, son mari et ses enfants, sortent du palais et s'installent sur la scène.

Second épisode

Dialogue d'Alceste et Admète, et commentaires du chœur : Alceste se voit mourir, Admète se lamente. Alceste lui dit ses derniers désirs : elle lui demande de faire en sorte que ses enfants demeurent les maîtres dans leur maison, sans se remarier avec une marâtre. Admète lui promet qu'elle restera son épouse, même morte, et qu'il ne se remariera pas. Alceste meurt malgré les supplications d'Admète qui veut mourir avec elle. Les enfants se lamentent. Admète ordonne la préparation des funérailles.

Deuxième stasimon

Chants du chœur : Adieux à Alceste, éloge d'Alceste.

Troisième épisode

Arrivée d'Héraclès : dialogue avec le chœur de citoyens. Héraclès, en route vers la Thrace où il doit prendre les quatre chevaux de Diomède, dans le cadre des Travaux donnés par Eurysthée, cherche Admète, chez qui il voudrait loger. Admète sort du palais en habit de deuil. Héraclès lui demande qui est mort, mais Admète ne lui répond pas franchement et ne lui avoue pas qu'il s'agit d'Alceste. Il insiste pour qu'Héraclès vienne loger chez lui : le devoir d'hospitalité est plus important que le deuil pour Admète.

Troisième stasimon

Chants du chœur : Louange d'Alceste et description de son royaume. Admète sort du palais avec le convoi funèbre.

Quatrième épisode

Le père d'Admète, Phérès, apparaît avec des ornements à mettre dans le tombeau d'Alceste. Admète refuse et lui reproche de s'être dérobé, d'avoir laissé mourir Alceste alors que lui est vieux et n'aura plus d'enfants. Il renie son père et sa mère. Phérès se sent outragé : « Je t'ai engendré et nourri pour que tu sois un jour le maître du domaine, mais rien ne me fait un devoir de mourir pour toi. » Il le traite de lâche également, puisqu'il a laissé mourir sa femme à sa place. Phérès s'en va, Admète et le convoi funéraire aussi. Monologue d'un serviteur, irrité par l'hôte d'Admète, sans savoir qu'il s'agit d'Héraclès : celui ci a mangé, bu et chanté sans respecter le deuil du maître de maison. Héraclès sort a son tour et demande au serviteur pourquoi il est triste et désagréable : le serviteur lui apprend que le deuil est celui d'Alceste, ce qu'Héraclès ne savait pas. Héraclès est triste et furieux : il décide de ramener Alceste des Enfers. Il part. Admète revient et se lamente, le chœur lui répond en partageant sa douleur.

Quatrième stasimon

Chants du chœur : méditations sur la mort, le destin ; Admète est invité à se résigner et à honorer Alceste.

Exodos

Héraclès revient, tenant par la main une femme voilée. Il la propose à Admète, qui refuse pour ne pas raviver le souvenir d'Alceste et respecter sa promesse envers elle. Elle ressemble à Alceste. Héraclès invite Admète à se résigner et lui conseille de se remarier : Admète réitère la promesse qu'il avait faite à Alceste de ne pas se remarier. Mais Héraclès le force à accepter et à la prendre par la main. Il enlève le voile de la femme : Admète reconnaît Alceste. Héraclès l'a ramenée des Enfers après avoir attaqué Thanatos. Alceste ne parlera pas avant trois jours mais est bien vivante. Héraclès s'en va et prend congé. Admète le remercie.

LES RAISONS
DU SUCCÈS

Alceste est inspiré d'un mythe thessalien célèbre : Alceste a épousé Admète, roi de Phères. Mais Admète a oublié d'accomplir un sacrifice à Artémis. Pour se venger, celle-ci remplit leur chambre nuptiale de serpents. Mais au moment où Admète va mourir, Apollon persuade les Moires (ou Parques), déesses du destin, d'accorder à Admète le privilège de vivre au-delà du temps qui lui était alloué. Apollon était alors en exil sur terre, chassé de l'Olympe, condamné à servir Admète pendant neuf ans. Pour remercier Admète de ses bons traitements, Apollon a donc voulu lui sauver la vie. Mais il y a une condition à cette prolongation : Admète doit trouver quelqu'un pour prendre sa place lorsque la Mort viendra le réclamer. Personne ne veut mourir à sa place. Son père, Phérès, refuse, ainsi que sa mère. Alceste accepte de prendre sa place. Au début de la pièce, elle est sur le point de mourir. L'adaptation de ce mythe au théâtre est représentative de son importance dans la Grèce antique. Elle révèle les inquiétudes liées à la mort, au respect des Dieux, à l'incapacité des hommes à revenir de la mort à moins qu'un Dieu ne les aide…

Alceste est par ailleurs l'occasion d'aborder certains aspects de la société grecque : l'hospitalité, considérée comme un devoir absolu, y est notamment l'objet d'un questionnement : Admète doit-il faire passer son devoir d'hospitalité avant le deuil de sa femme ? Cette question de l'hospitalité, d'une importance moins évidente dans nos sociétés contemporaines, prête néanmoins à réfléchir encore aujourd'hui : quelle part faut-il accorder au devoir moral face aux sentiments ? Quelle part aux convenances face aux souffrances intimes ? À l'accueil de l'autre ?

La question du sacrifice aussi est posée, et c'est sans doute cet aspect de la pièce qui en fait un sujet intemporel de réflexion : les dieux ont accordé à Admète une prolongation de sa vie si quelqu'un accepte de mourir à sa place. Admète ne veut pas mourir et accepte le sacrifice de sa femme Alceste, tout en souffrant terriblement de sa perte. Admète va accuser ses parents d'avoir refusé de se sacrifier alors qu'ils sont vieux et sont censés aimer leur enfant plus qu'eux-mêmes. Mais à cette diatribe, son père lui répond qu'il aurait pu lui aussi accepter de mourir au lieu d'accepter le sacrifice de sa femme. La question reste en suspens : Admète est-il coupable d'égoïsme ? Est-ce le rôle normal d'une femme que de se sacrifier pour son mari, sans quoi elle ne serait pas estimable ? En raison de ces questions irrésolues, des interrogations qu'elle soulève, et aussi des renseignements qu'elle fournit sur la vie en Grèce antique, *Alceste* continue à être étudiée et représentée, et demeure une source vivante pour le théâtre.

LES THÈMES
PRINCIPAUX

Alceste a pour thème principal la Mort, incarné par un personnage terrifiant, puisque sa fonction est d'emmener aux Enfers les âmes de ceux qu'il a choisis, mais aussi comique, puisque Héraclès finit par le vaincre. Dans cette pièce, la mort finit par perdre ; et pourtant on sait qu'elle finira, un jour ou l'autre, par l'emporter : vouloir lui échapper comme le fait Admète est à la fois courageux et tout à fait vain. En cela, on peut lire la pièce d'une façon comique, même ironique, avec un Admète certes noble, mais néanmoins lâche puisqu'il accepte la mort de sa femme alors qu'il est destiné à mourir un jour, quoi qu'il fasse.

On peut aussi lire cette pièce comme emblématique d'une société dominée par les hommes, où il paraît naturel qu'une femme vertueuse se sacrifie pour son mari. Ramenée des Enfers par Héraclès, elle reste silencieuse. Elle devra attendre trois jours pour pouvoir parler à nouveau. Son sacrifice et son silence semblent être la seule attitude possible pour une femme qui voudrait être vertueuse. Par ailleurs, Admète fait passer son amitié pour Héraclès et son devoir d'hospitalité avant la tristesse qu'il éprouve : il en sera récompensé. Si l'on met *Alceste* en rapport avec autres pièces d'Euripide, toujours au bord de la misogynie et méprisant les passions amoureuses, on peut imaginer qu'Euripide adhère à cette seconde lecture, dans laquelle Alceste est un modèle de vertu à imiter.

Le thème de la mort reste en tous cas le thème central de la pièce : la pièce se conclue sur une victoire sur la mort. Cette fin heureuse pose la question du genre : tragique ou comique ? Pour cette raison, cette pièce tient une place particulière et originale au sein des tragédies d'Euripide et plus largement des tragédies grecques, qui obéissent en général à des codes précis, notamment celui d'une fin funeste. Cependant la réflexion sur la mort, qui parcourt la pièce, le pathétique des personnages et la violence des émotions, orientent plutôt la pièce vers le genre tragique. Plus que par le registre et l'issue de l'intrigue, on peut donc dire que la tragédie se définit plutôt, alors, par la façon de traiter les thèmes de la fatalité, de la mort, de l'homme face à son destin.

ÉTUDE DU MOUVEMENT LITTÉRAIRE

La tragédie grecque

Le genre tragique est né en Grèce, à Athènes, autour du Ve siècle avant Jésus-Christ. Ses origines sont religieuses : les représentations de tragédies avaient lieu lors des fêtes en l'honneur de Dionysos, dieu du vin, des excès, et du théâtre. Le mot « tragédie » vient du grec « tragos » qui signifie « bouc », l'animal utilisé lors des sacrifices faits à Dionysos, et du grec « aido », qui signifie « chanter ».

On connaît la tragédie grecque par les textes de trois grands auteurs: Eschyle (vers 525 - 456), Sophocle (vers 495 – 405) et Euripide (vers 480 – 406). Une partie de leur œuvre seulement nous est parvenue : sur les centaines de pièces qu'ils ont composées, on a aujourd'hui sept pièces d'Eschyle, sept de Sophocle et vingt pièces d'Euripide. Ces trois auteurs sont emblématiques d'un âge d'or pour la tragédie grecque : le Ve siècle av. J-C.

On sait que le premier concours tragique donné à l'occasion des Dionysies se situe vers 534. La plus ancienne tragédie conservée est les Perses d'Eschyle, créée en 472. Les tragédies grecques ont inspiré de nombreux auteurs dans les siècles suivants, et constituent jusqu'à aujourd'hui une référence incontournable : personnages et intrigues des tragédiens grecques ont été repris dans le théâtre occidental jusqu'à nos jours.

Selon Aristote, la tragédie est associée à deux émotions : la terreur et la pitié. Les personnages de tragédie doivent être illustres : d'origine noble, confrontés à des dilemmes épineux ou à des situations exceptionnelles, ils se conduisent en héros. D'ordinaire, la tragédie s'achève sur un événement funeste. L'idée que les hommes sont soumis à une fatalité et qu'ils ne contrôlent pas leur destin sous-tend ces tragédies.

Les dialogues, récités par les acteurs, étaient entrecoupés de morceaux lyriques : chants et danses du chœur. Aujourd'hui la musique et les chorégraphies qui accompagnaient ses pièces sont perdues, à part quelques fragments de partitions. Une tragédie est composée de plusieurs parties : elle commence par le prologue, avec un ou plusieurs acteurs qui présentent la sujet de la pièce, révélant souvent son dénouement. Vient ensuite la « parodos », partie chantée par le chœur. Puis viennent les épisodes, joués par les acteurs, séparés par des « stasima », parties chantées du chœur. L'*exodos* clôt le dernier « stasimon ». Les pièces étaient jouées en plein air, dans le théâtre d'Athènes, aux Dionysies de printemps.

Chez Eschyle, en dehors du coryphée qui prend la parole pour tout le chœur, il n'y avait que deux acteurs pouvant jouer plusieurs rôles différents successivement. Sophocle introduit un troisième acteur pour accroître le nombre de personnages et les possibilités de dialogue. Euripide reprend cette structure, en réduisant les parties chantées du chœur pour privilégier les dialogues.

DANS LA MÊME COLLECTION
(par ordre alphabétique)

- **Anonyme**, *La Farce de Maître Pathelin*
- **Anouilh**, *Antigone*
- **Aragon**, *Aurélien*
- **Aragon**, *Le Paysan de Paris*
- **Austen**, *Raison et Sentiments*
- **Balzac**, *Illusions perdues*
- **Balzac**, *La Femme de trente ans*
- **Balzac**, *Le Colonel Chabert*
- **Balzac**, *Le Lys dans la vallée*
- **Balzac**, *Le Père Goriot*
- **Barbey d'Aurevilly**, *L'Ensorcelée*
- **Barbey d'Aurevilly**, *Les Diaboliques*
- **Bataille**, *Ma mère*
- **Baudelaire**, *Les Fleurs du Mal*
- **Baudelaire**, *Petits poèmes en prose*
- **Beaumarchais**, *Le Barbier de Séville*
- **Beaumarchais**, *Le Mariage de Figaro*
- **Beauvoir**, *Mémoires d'une jeune fille rangée*
- **Beckett**, *Fin de partie*
- **Brecht**, *La Noce*
- **Brecht**, *La Résistible ascension d'Arturo Ui*
- **Brecht**, *Mère Courage et ses enfants*
- **Breton**, *Nadja*
- **Brontë**, *Jane Eyre*
- **Camus**, *L'Étranger*
- **Carroll**, *Alice au pays des merveilles*
- **Céline**, *Mort à crédit*
- **Céline**, *Voyage au bout de la nuit*

- **Chateaubriand**, *Atala*
- **Chateaubriand**, *René*
- **Chrétien de Troyes**, *Perceval*
- **Cocteau**, *Les Enfants terribles*
- **Colette**, *Le Blé en herbe*
- **Corneille**, *Le Cid*
- **Crébillon fils**, *Les Égarements du cœur et de l'esprit*
- **Defoe**, *Robinson Crusoé*
- **Dickens**, *Oliver Twist*
- **Du Bellay**, *Les Regrets*
- **Dumas**, *Henri III et sa cour*
- **Duras**, *L'Amant*
- **Duras**, *La Pluie d'été*
- **Duras**, *Un barrage contre le Pacifique*
- **Flaubert**, *Bouvard et Pécuchet*
- **Flaubert**, *L'Éducation sentimentale*
- **Flaubert**, *Madame Bovary*
- **Flaubert**, *Salammbô*
- **Gary**, *La Vie devant soi*
- **Giraudoux**, *Électre*
- **Giraudoux**, *La Guerre de Troie n'aura pas lieu*
- **Gogol**, *Le Mariage*
- **Homère**, *L'Odyssée*
- **Hugo**, *Hernani*
- **Hugo**, *Les Misérables*
- **Hugo**, *Notre-Dame de Paris*
- **Huxley**, *Le Meilleur des mondes*
- **Jaccottet**, *À la lumière d'hiver*
- **James**, *Une vie à Londres*
- **Jarry**, *Ubu roi*
- **Kafka**, *La Métamorphose*
- **Kerouac**, *Sur la route*
- **Kessel**, *Le Lion*

- **La Fayette**, *La Princesse de Clèves*
- **Le Clézio**, *Mondo et autres histoires*
- **Levi**, *Si c'est un homme*
- **London**, *Croc-Blanc*
- **London**, *L'Appel de la forêt*
- **Maupassant**, *Boule de suif*
- **Maupassant**, *Le Horla*
- **Maupassant**, *Une vie*
- **Molière**, *Amphitryon*
- **Molière**, *Dom Juan*
- **Molière**, *L'Avare*
- **Molière**, *Le Malade imaginaire*
- **Molière**, *Le Tartuffe*
- **Molière**, *Les Fourberies de Scapin*
- **Musset**, *Les Caprices de Marianne*
- **Musset**, *Lorenzaccio*
- **Musset**, *On ne badine pas avec l'amour*
- **Perec**, *La Disparition*
- **Perec**, *Les Choses*
- **Perrault**, *Contes*
- **Prévert**, *Paroles*
- **Prévost**, *Manon Lescaut*
- **Proust**, *À l'ombre des jeunes filles en fleurs*
- **Proust**, *Albertine disparue*
- **Proust**, *Du côté de chez Swann*
- **Proust**, *Le Côté de Guermantes*
- **Proust**, *Le Temps retrouvé*
- **Proust**, *Sodome et Gomorrhe*
- **Proust**, *Un amour de Swann*
- **Queneau**, *Exercices de style*
- **Quignard**, *Tous les matins du monde*
- **Rabelais**, *Gargantua*
- **Rabelais**, *Pantagruel*

- **Racine**, *Andromaque*
- **Racine**, *Bérénice*
- **Racine**, *Britannicus*
- **Racine**, *Phèdre*
- **Renard**, *Poil de carotte*
- **Rimbaud**, *Une saison en enfer*
- **Sagan**, *Bonjour tristesse*
- **Saint-Exupéry**, *Le Petit Prince*
- **Sarraute**, *Enfance*
- **Sarraute**, *Tropismes*
- **Sartre**, *Huis clos*
- **Sartre**, *La Nausée*
- **Senghor**, *La Belle histoire de Leuk-le-lièvre*
- **Shakespeare**, *Roméo et Juliette*
- **Steinbeck**, *Les Raisins de la colère*
- **Stendhal**, *La Chartreuse de Parme*
- **Stendhal**, *Le Rouge et le Noir*
- **Verlaine**, *Romances sans paroles*
- **Verne**, *Une ville flottante*
- **Verne**, *Voyage au centre de la Terre*
- **Vian**, *L'Arrache-cœur*
- **Vian**, *L'Écume des jours*
- **Voltaire**, *Candide*
- **Voltaire**, *Micromégas*
- **Zola**, *Au Bonheur des Dames*
- **Zola**, *Germinal*
- **Zola**, *L'Argent*
- **Zola**, *L'Assommoir*
- **Zola**, *La Bête humaine*
- **Zola**, *Nana*
- **Zola**, *Pot-Bouille*